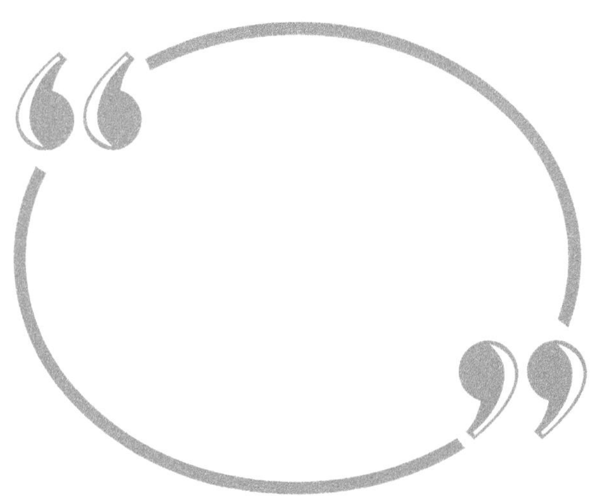

CITAZIONI DEL CUORE

9 798628 392621